August Kopisch, geboren 1799 in Breslau, stammte aus einer großbürgerlichen Kaufmannsfamilie. Er studierte Malerei und wandte sich schließlich der Dichtung zu. August Kopisch starb 1853 in Berlin.

Eve Tharlet, geboren in Frankreich, wuchs in Deutschland auf. Sie studierte an der Ecole supérieure des arts décoratifs in Straßburg. Seit 1981 illustriert sie Kinderbücher, für die sie zahlreiche Auszeichnungen erhalten hat.

Ute Wegmann studierte Germanistik, Romanistik und Pädagogik. Sie arbeitet seit 1994 als Redakteurin für den Deutschlandfunk (Büchermarkt) und als Moderatorin mit dem Schwerpunkt Kinder- und Jugendmedien. Sie realisierte u. a. den Kurzfilm »Die besten Beerdigungen der Welt« und veröffentlicht bei dtv / Reihe Hanser (Auswahl: »Sandalenwetter«, »Dunkelgrün wie das Meer«, »Toni«).

Kleine Bilderbuchausgabe 2011
© 2005 NordSüd Verlag AG, CH-8050 Zürich
Erstmals 1992 im Michael Neugebauer Verlag erschienen.
Alle Rechte, auch die der auszugsweisen Vervielfältigung,
gleich durch welche Medien, vorbehalten.
Lektorat: Elfi Steickmann
Druck und Bindung: Print Best, Viljandi, Estland
ISBN: 978-3-314-10461-9
2. Auflage 2024

www.nord-sued.com
Bei Fragen, Wünschen oder Anregungen schreiben Sie bitte an:
info@nord-sued.com
Dieses Buch wurde auf FSC®-Papier aus verantwortungsvollen Quellen gedruckt.
Der NordSüd Verlag wird vom Bundesamt für Kultur mit einem
Strukturbeitrag für die Jahre 2021 – 2024 unterstützt

August Kopisch · Eve Tharlet

De Heizemänncher vun Kölle

Ins Kölsche übertragen von Ute Wegmann

Nord
Süd

En Kölle wor et fröher kumod
met de Heizemänncher hatten de Lück et jot.
Wors de fuul un hatts kein Loss,
lats do dich op en Bank, Auge zo, Schluss!

Ävver en der Naach,
janz jemaach,
do schlechen se en et Huus,
schwärmten us,
maaten öntlich Rabatz,
doch dat hoot nor de Katz.
Un se fingen aan
zo roppe un zo zuppe,
zo stivvele un zo knuppe,
zo höppe un zo lappe,
zo piddele un zo kappe.
Un eh do de Auge opjemaat,
do lohch ding janze Arbeit parat.

De Zemmermannslück däten sich strecke,
op de Schänzjer sich recke.
Die Huusjeister krosten wie jeck
un zemmerten en jeder Eck.
Meißel un Beil nohmen se en de Häng,
Fussschwanz dozo, Näl zweschen de Zäng.
Se sächten un stoche,
se schlogen un broche,
verzappten un kappten,
pielten aan wie de Falke,
un satzten donoh de Balke.

Un woodten se waach, de Zemmermannslück,
stundt fädich dat Huus us Holz – verröck!

Em Backes jov et jar kein Nut,
de Heizemännncher maaten et Brut.
De Pooschte fläjelten sich fuul en de Eckcher,
de Heizemännncher backten de Weckcher.

Se hovven de Mählsäck vum Wage,
se kühmten beim Drage,
se weechten richtich,
se knetten düchtich,
donoh et Hacke un Backe,
un de Nöss noch am Knacke.
Der Brutdeich jeklopp,
ungerm Desch der Nevvemann jefopp.
Mer hoot de Pooschte schnorkse bes bovve,
do kunnt mer se allt ruche, de Brütcher em Ovve.

Nit anders beim Schlaachtes em Karree.
Jesell un Lihrjung om Kanapee.
Do komen die Männcher
    ussem Morjetau,
un zerlaaten en Schnetzel
    un Woosch die Sau.
Flöck jingk dat Deile,
dat Kloppe met Beile,
dat Wöhle und Spöle,
dat Mische und Wische.
Noh däm Mölsche de
    Wöösch jestopp,
jeschnürt, verknöddelt,
    jestivvelt – hopphopp.

Hä söhch Jespenster,
daach sich dä Jesell:
Do hingen de Wöösch
wie em Kettekarresell.

Un jingk et öm dat Faaß met Wing,
dä Köfer jän ens donevve hing.
Schlofen dät hä nevven der Tonn us Holz,
de Heizemänncher maaten der Wing,
janz stolz.

Se däten schnibbele un knibbele,
woren am Schwenke un am Senke,
am Jeeße un am Mansche,
ohne zo pansche.
Eren met däm Moß,
de Druve ussem Froß!
Wie dä Kellermeister sich noch ens
op Sick jelaat,
wor der Wing em Faaß längs för
der Usschank parat.

Dä Schnieder kom ens ärch en Nut,
ne staatse Rock moht hä maache, en Rut.
Hä schmess met Schmackes dat Deil op der Desch.
Bloß en Mötz Schlof un hä wör widder fresch.
De Kälcher schleche naaks ussem Bösch,
Nodel, Faddem, et jingk loss, janz höösch!
Se däten schnigge un nihe, spole un drihe,
et wor e Steche un e Stecke,
dusemang för
keine zo wecke.
Noch e Zuppe
un e Rucke,
Nodelstech
   op Nodelstech,
un de Kledaasch
wor prächtich.

Dä Schnieder em Draum:
wie jemolt Rock un Saum.

Vörwetzich wor dem Schnieder sing Frau,
se hatt nen Enfall, schingks öntlich schlau.
De Naach drop blevv se op un streute
Ääze op de Trapp.
De Heizemänncher tribbelten, tipptapp.

Dat ehschte fingk aan zo rötsche,
dat nöhkste satz sich op et Föttche,
se feelen hatt vun Trett zo Trett
un nohmen wat em Wääch stundt met.
Et Bälke un Flohche maat richtich Radau,
dat hoot em Bett dem Schnieder sing Frau,

stundt op der Trapp, sohch dat Malörche,
för de Heizemänncher e ströflich Histörche.
Un häste nit jesinn maaten se sich op de Söck,
em Stänekarjär, durch de Pooz, janz flöck!

Do wor et vörbei met däm Schlendrian,
All packen se de Arbeit selver aan.
All müssen se widder düchtich sin,
söns krijjen se dä Krom nit hin:
dat Knibbele un Krose,
dat Kloppe un Blose,
dat Mölsche un Hacke,
dat Pröttele un Backe.
Et wör ne Draum,
   en jode Zick,
kömen de Heize-
   männcher noch
   ens zoröck.